AF340093

Réfutation

DU DERNIER ÉCRIT

DE M. DE CHATEAUBRIAND;

SUIVIE

D'UNE NOTICE HISTORIQUE

SUR L'ÉGLISE SAINT-GERMAIN DE L'AUXERROIS,

PAR BOUCHER DE COURSON.

PARIS,

DEMONVILLE ET BACQUENOIS, IMPRIMEURS-LIBRAIRES,
RUE CHRISTINE, N° 2;

ET CHEZ LES PRINCIPAUX LIBRAIRES.

—

1831.

Réfutation

DU DERNIER ÉCRIT

DE M. DE CHATEAUBRIAND (1).

Lorsqu'un homme d'un génie supérieur se livre à l'esprit systématique, il arrive presque toujours qu'il tombe dans l'erreur. Les causes d'un tel écart sont faciles à comprendre. Plus l'imagination cherche à pénétrer dans des voies nouvelles qu'elle veut se créer, plus elle tend à s'éloigner des routes tracées dans de justes limites ; ainsi les principes sont insensiblement abandonnés, et les théories nécessairement adoptées.

Un écrit politique sorti d'une plume brillante, et livré tout récemment à la méditation des diverses opinions, aiderait au besoin à prouver en faveur de cette assertion. C'est dans ce dessein que l'on se hasarde à entreprendre de le réfuter.

Chacun, avant d'avoir lu cet ouvrage, sur la seule annonce, aura désiré de le connaître; mais on le demande à tous : qui, s'en étant pénétré, ne se sera pas senti porté à le condamner; qui,

____

(1) Tout ce qui est en lettres italiques est tiré des différens ouvrages de M. de Châteaubriand.

tout en appréciant la richesse des idées dont il abonde , n'y aura pas reconnu une trop grande profusion de fausses pensées. Combien d'allégations faibles , lorsque le sujet traité réclamait si impérieusement des raisonnemens justes.

Pour ramener les esprits égarés ou surpris , il faut leur présenter des objets de conviction. Au lieu d'adopter ce moyen , l'auteur de l'écrit n'aborde les questions que pour manifester des préventions , porter des jugemens par trop sévères , ou rapporter à soi les causes , les motifs.

Pour entrer en matière , M. de Châteaubriand prévient qu'il *voulait sortir en paix du monde politique ;* puis il ajoute , *une proposition faite à la Chambre des députés est venue changer ma résolution , je serai compris des gens de cœur.*

D'après une résolution aussi clairement énoncée , comment ne pas croire que c'est de la proposition présentée à la Chambre des députés par M. Baude , dont l'auteur veut s'occuper , qu'il veut la combattre.

La surprise des gens de cœur ne doit-elle pas être grande , lorsque dans l'ouvrage ils ne trouvent aucune réflexion suivie , aucune objection péremptoire pour démontrer qu'il y a erreur. Il est bien permis sans doute de traiter à fond une question qui se rattache à une famille de rois que l'on veut éteindre , tant dans ses membres directs ou alliés , que présens ou à venir , à une

famille dont le sort frappe l'Europe d'un doulou-
reux étonnement. Nous nous réservons de revenir
sur cet objet. Au lieu de se faire un mérite de
dire à tous des vérités dures, M. de Châteaubriand aurait assurément mieux rempli ses devoirs de Français, s'il s'était attaché à présenter
des vérités fortes et utiles. Dans les circonstances
actuelles ce n'est point à irriter les passions que
les gens de cœur doivent s'étudier, mais bien à
chercher à amener les divers partis à céder à ce
que la juste raison peut réclamer. Se flattant de
ne pas mal ressembler à ce moine du xiie siècle,
condamné à subir des privations *pour le salut du
peuple*, voulant à travers la lucarne de sa *geôle
expiatoire* prêcher aux passans son dernier ser-
mon ; pourquoi ne pas mettre une certaine circonspection à ne pas trop entretenir d'objets qui
prêtent à faire prendre le change ?

Peut-être faut-il savoir quelque gré à M. de
Châteaubriand, de cette franchise avec laquelle il
déclare que *si la restauration eut eu lieu en* 1796
ou 1797*, nous n'aurions pas eu la Charte*, ou
*du moins elle eût été étouffée au milieu des
passions émues*.

Quoique d'une manière indirecte, c'est annon-
cer assez clairement qu'à cette époque, lui-même
s'y serait montré un des plus fougueux oppo-
sans. L'ouvrage publié sous le titre : « Essai his-
« torique, politique et moral, sur les révolutions

« anciennes et modernes considérées dans leurs
« rapports avec la révolution française, » a paru
à Londres en 1797 : qui l'a lu sait comment la
royauté y est traitée ?

Sans appeler les souvenirs sur ce trop célèbre
écrit, on peut assurer qu'il a efficacement aidé à
la propagation de faux principes, qui n'ont pu
être détruits, même par *la puissante charrue
traînée par la gloire*, et *creusant les sillons où
devait être semée la liberté constitutionnelle.*

C'est se montrer volontairement mauvais logi-
cien d'avancer que *la légitimité était le pouvoir
incarné*, jamais elle ne fut considérée par les lé-
gislateurs, les publicistes, que comme un droit
créé par la loi, et garanti par la raison: Dans
tous les temps elle fut maintenue en France, parce
qu'elle était réputée et reconnue l'élément le plus
nécessaire à l'existence de la monarchie. Avancer
qu'on l'aurait fait vivre en la saturant de liberté,
c'est prétendre que pour garantir de mort une
personne plus ou moins périssable, il suffit de la
parer des ornemens de Créuse.

Si la légitimité a péri ce n'est point par l'excès
de son principe, mais bien par sa trop aveugle sécu-
rité et sa trop grande circonspection : les articles
raisonnés du *Conservateur*, lui ont plus porté de
coups que les diatribes intentionnelles de *la Mi-
nerve.*

Restreindre le nombre des révolutionnaires à

deux classes d'opinions, c'est réellement mettre hors de cause trop de personnages qui se présentent comme chefs de colonnes, et s'attachent chaque jour à se faire des prosélytes.

L'amour de la liberté, l'amour de la gloire sont sans contredit les passions vitales de la patrie ; mais c'est étrangement s'abuser, de croire que les Français peuvent être épris de l'égalité. Pour cette seule raison, que, *notre génie, c'est le génie militaire*, que, *la France est un soldat* l'égalité ne peut s'y impatroniser. Le garde national revêtu de son uniforme, le soldat armé du fusil que l'état lui confie, se font une illusion d'*état ;* bientôt ils oublient ces faux prestiges du nivellement des conditions, et tous ces systèmes trop strictement rapprochés de l'ordre naturel.

Confondre et présenter sous un même aspect, ce qui a rapport à la liberté individuelle, avec ce qui se rattache à la liberté de la presse, c'est vouloir amalgamer deux essences d'une nature absolument distincte.

La liberté individuelle porte son droit en soi, il est en quelque sorte indéfini, car il est donné par la nature. L'homme sauvage ne cesse pas un seul instant dans le cours de sa vie d'être libre.

La presse ne peut tenir sa liberté que de la loi ; dès-lors elle reste nécessairement assujettie ; des entraves peuvent lui être imposées. Si par l'intensité d'une force mouvante, cette liberté uniquement relative, est poussée à un dangereux débordement; si la raison, si le pouvoir, n'en sauraient arrêter le désordre : ce n'est point une preuve d'impuissance, mais bien du sentiment des choses, de répéter l'ancien adage, *il est impossible de gouverner comme cela*. L'expérience des temps n'aide que trop à reconnaître, que la presse affranchie des premiers liens, et dont la liberté est laissée au libre arbitre de certains esprits, sert à rendre la France le théâtre de différens bouleversemens dans les mœurs nationales.

Aussi long-temps que l'on ne sera pas parvenu à trouver la solution de ce problême : où finit la liberté de-la presse , où commence sa licence ; son sort sera d'opérer beaucoup plus de mal que de bien. Le peuple doit nécessairement être victime des fausses lumières qu'on lui présente; *le sens commun est une chose plus rare que son nom ne semble l'indiquer.*

Peu de personnes assurément partageront cette opinion ; *qu'il y eut liberté en France pendant les trois premières années de la révolution, parce qu'il y eut légitimité.* Tout ce qui devait son existence à des institutions antiques et protectrices, fut frappé de mort dès le 14 juillet 1789 ; et les trophées de la fédération furent élevés au-dessus du cercueil de la royauté et des libertés publiques.

On peut se montrer étonné de trouver dans l'écrit de M. de Châteaubriand cette expression plusieurs fois employée, *la monarchie élective*. Ce mot ne saurait convenir au style d'un homme d'état, d'un publiciste, il ne présente qu'une acception détournée.

Qui dit monarchie indique une forme de gouvernement; la simple spécification indique la nature de la chose. Ce terme dans son acception rigoureuse n'admet point de modification. Le sort d'une monarchie, est d'être, ou de n'être plus. Dans aucun cas son existence ne peut dépendre de volontés électives.

Que l'on ouvre les fastes des anciens peuples, on y trouvera l'histoire des quatre principales monarchies, savoir : des Assyriens, des Mèdes, des Grecs, des Romains, jamais aucune d'elles n'a été désignée sous le titre de monarchie élective. L'histoire moderne n'en offre pas d'exemple, il ne peut y en avoir.

La royauté qui est la conséquence nécessaire du gouvernement monarchique peut être définie, soit élective, soit héréditaire; mais ces définitions ne peuvent devenir des épithètes du mot monarchie.

Lorsqu'on traite d'une matière grave, employer des termes abstraits, c'est s'exposer à n'être pas compris.

C'est offrir à ses lecteurs un contraste assez remarquable, de présenter dans une cinquantaine de lignes, d'abord, les quinze années de l'existence de la restauration, avec *leurs inconvéniens, leurs fautes, leur stupidité, leurs tentatives de despotisme par les lois et par les actes, le mal-vouloir de l'esprit qui les dominait* (M. de Châteaubriand a-dirigé par deux fois cet esprit), et montrer cette restauration se signalant par des entreprises assez hardies, même glorieuses ; parce que *cette pauvre légitimité savait quelquefois avoir du sang dans les veines* (il eût plus été d'un vrai Français, de dire que toujours elle en savait avoir). De suite, faire figurer *Bonaparte ayant secoué sa poussière, abîmé dans la mer l'île qui lui servait de tombe, et revenant en trois pas, par les Pyramides, Austerlitz et Marengo,* puis d'amener sur la Seine, de *nobles champions sensibles au dernier point à notre déshonneur national, mais au fond les meilleurs gens du monde,* suivant son sujet, rendre saillant le tracé du tableau, en employant le sarcasme, l'hyperbole, la louange, la dérision, et le déterminer, en prophétisant que, *le Gouvernement actuel gagnera sa légitimité auprès des gouvernemens légitimes, comme un chevalier gagnait jadis ses éperons, non la lance au poing, mais le chapeau bas.* Cette solution porte coup, car elle est fortement explicative. M. de Châteaubriand est trop instruit pour ignorer qu'au temps jadis, où les chevaliers gagnaient leurs éperons et le droit de porter lance et casque, en France le chapeau était encore pris pour l'hiéroglyphe de la liberté, aurait-il voulu donner à entendre. . . . . . il n'appartient qu'à lui d'indiquer le sens vrai de sa pensée.

Après avoir fait la part au système de ceux qui, *ennemis du sang des Capets, veulent les bannir*, l'écrivain déclare qu'il s'associe *à la généreuse ardeur; à la vive espérance des vrais triomphateurs de juillet, qui s'expriment avec amertume sur ce qui semblait compromettre leur énergie.* Une telle déclaration, faite avec autant de bonne foi, peut véritablement équivaloir à un serment consenti *in petto.* Mais pourquoi M. de Châteaubriand ne fait-il pas franchement connaître dans quels rangs il entrerait de préférence? Serait-ce parmi ceux qui se sont énergiquement rendus les acteurs de la révolte. Serait-ce parmi ceux qui ont su en faire jaillir la révolution? Faut-il l'inscrire au nombre des preux des barricades? Faut-il le classer parmi les membres du comité de l'Hôtel-de-Ville? A tel choix qu'il s'arrête, la résolution sera également marquante. Si les premiers se sont montrés animés d'une fougueuse bravoure, les autres ont fait preuve d'une grande adresse, d'une grande habileté.

Les idées énoncées sur les motifs qui auraient dû déterminer le gouvernement à adopter le système d'intervention dans les circonstances qui se sont présentées depuis une certaine époque, ne sont pas conformes aux maximes du droit public. L'intervention est de droit politique dans les contestations qui s'élèvent de puissance à puissance ; mais la non-intervention est de droit étroit, elle doit être observée avec rigueur dans les différends qui peuvent survenir entre le Souverain et ses sujets. Dans un tel cas, il n'appartient qu'au chef de l'état où la dissension existe, de réclamer l'intervention soit armée, soit de conseil. Parmi plusieurs exemples, on peut citer pour preuve ce qui eut lieu en 1616, lors des troubles occasionés en France par quelques mécontens. L'ambassadeur d'Angleterre qui avait assisté aux conférences de Loudun, ayant demandé à signer au traité, M. de Villeroy lui dit : « que c'était chose « qui ne s'était jamais faite en France, que les « ambassadeurs étrangers s'entremissent d'un « traité et dans les affaires du conseil du Roi. »

Après avoir lu et relu ce passage commençant par ces mots : *je ne m'appitoie point sur une catastrophe provoquée, il y a eu parjure et meurtre à l'appui du parjure ;* l'on se refuse encore à croire qu'une telle imprécation soit sortie de la plume de celui qui veut être compris des gens de cœur. Nous n'hésitons pas à le dire, de la part de tout Français, une telle pensée serait une erreur ; elle est plus, énoncée par l'auteur de *la Monarchie selon la Charte*, par celui qui a

écrit : *je sais bien comme on établit le despo-*
tisme; je ne sais pas comment on fait un des-
pote dans la famille d'un Bourbon.

Que les hommes raisonnables de tous les partis
prononcent. Pour mettre chacun à même de juger,
nous nous bornons à transcrire M. de Châteaubr.

De la Monarchie suivant, etc. chapitre IV, de
la Prérogative royale, principe fondamental.

« *La doctrine sur la prérogative royale consti-*
tutionnelle est que rien ne procède directement
du Roi dans les actes du gouvernement. Que
tout est l'œuvre du ministère, même la chose
qui se fait au nom du Roi et avec sa signature;
projets de loi, ordonnances, choix des hom-
mes. Le Roi, dans la monarchie représentative,
est une divinité que rien ne peut atteindre;
inviolable et sacrée elle est encore infaillible,
car s'il y a erreur, cette erreur est du ministre
et non du Roi; ainsi on peut tout examiner
SANS BLESSER LA MAJESTÉ ROYALE, *car tout découle*
du ministère responsable. »

Chapitre V, application du principe.

. . . . . « *Que fait donc le Roi dans son con-*
seil? Il juge, mais il ne force point le ministre...
et quand bien même le Roi dans le conseil eût
adopté l'avis du ministre, si cet avis entraîne
une fausse mesure, le Roi n'est encore pour
rien dans tout cela; ce sont les ministres qui
ont surpris sa sagesse, en lui présentant les

choses sous un faux jour, en le trompant par
corruption, passion, incapacité. Encore un
coup, rien n'est l'ouvrage du Roi que la loi
sanctionnée, le bonheur du peuple et la pros-
périté de la patrie.

J'ai appuyé sur cette doctrine parce qu'elle
a été méconnue. »

Si l'on pèse à la balance du bon sens le passage indiqué, et ces citations exactement rap-
portées, on jugera sans doute qu'il peut être par-
donnable de préférer prêter à être comparé à ces
pierres qui faisaient partie du caveau ténébreux
de l'antique donjon monarchique ; plutôt que
d'aider à être pris pour une de ces pièces taillées
en banderolles que l'on a vues figurer aux faîtes
des châteaux, et qui, descendues, cèdent encore
à l'effet de leur tendance naturelle.

Tout en désapprouvant des expressions plus
que hardies ; on ne prétend pas cependant discon-
venir que Charles X n'ait eu des torts. Il a mal
compris sa position, il s'est fourvoyé pour avoir
trop jugé d'après son cœur.

Si sa royale carrière est terminée, pour lui la
postérité commence ; il est permis de tracer à son
égard ce portrait du dernier prince de la branche des Valois : « Sa principale faute au gouver-
« nement politique, c'est qu'il ne sût jamais dis-
« cerner ses amis d'avec ses ennemis. Cette
« faiblesse en lui enhardit ses ennemis du dedans

« du royaume de faire beaucoup de choses aux-
« quelles n'ayant pas voulu remédier d'heure,
« quand il voulut y mettre la main, ce fut trop
« tard. »

Mais que veut M. de Châteaubriand? que cher-
che-t-il? Il est difficile de saisir les nuances de sa
logique. Il déplore qu'une subversion ait été trop
rapide, puis il se déclare partisan d'une subversion. Il s'étudie à démontrer l'avantage qu'on
aurait pu tirer d'une révolution faite dans un
sens qu'il se complaît à indiquer. *J'aurais désiré,*
dit-il, *qu'on se fût arrêté à l'innocence et au
malheur.... On franchissait deux degrés ; on
se délivrait de vingt-cinq à trente ans de caducité, on avait un enfant qu'on eût élevé dans
les idées du temps.* Ce système, professé dans
ces circonstances, doit au moins produire l'effet
d'effrayer quelques têtes couronnées, quelques
héritiers présomptifs des trônes. Si l'on prend le
terme moyen de la différence d'âge qui existe
entre les deux degrés que l'on aurait pu franchir,
on trouve le chiffre 64. Ainsi l'époque bien dé-
terminée de la caducité pour les rois peut légalement être en rapport avec celle où la vieillesse
commence pour la nature humaine.

Dans ce siècle, chacun saisit facilement les
heureuses idées. Grâce à l'imaginative de l'auteur
de la proposition, il ne faut pas désespérer de
voir parvenir aux Chambres des pétitions rédi-

gées dans le dessein de demander qu'une loi soit rendue pour fixer d'une manière irrévocable l'époque où les rois seront reconnus frappés de caducité et devront quitter et céder la place. Comme il demeurera facile de démontrer les avantages immenses résultant nécessairement d'une telle loi, on pourra par suite donner plus de développement à ses conséquences. Par exemple, tout père de famille, tout célibataire ayant passé soixante ans, sera déclaré homme caduc. Il devra abandonner tout son avoir à ses héritiers ; le droit d'héritage s'établissant par l'âge le moins avancé. Ce moyen sera efficace pour appeler *la jeunesse à prendre possession d'une ère qui doit lui appartenir;* il procurera à l'enfance le rare bonheur d'entrer à la sortie du berceau dans toutes les conditions de la vie.

Il ne faut pas cependant condamner d'une manière trop rigoureuse des conceptions qui ne sont pas aussi rares qu'elles peuvent le paraître. Après avoir expliqué le plan d'éducation que l'on aurait suivi pour élever dans ces principes l'enfant, roi perfectible, M. de Châteaubriand ajoute : *Lorsque je dis que la jeunesse aurait été appelée à son naturel héritage, je n'avance rien qui ne soit hors de doute.... M. le maréchal Soult, M. le baron Louis ont été ministres de Louis XVIII.*

Sans s'arrêter à compulser des extraits de naissances pour démontrer combien l'allégation est juste, il suffit d'établir un fait incontestable. A l'époque de la première restauration, lorsqu'il fut honoré du choix du Roi, comme ministre des finances, M. l'abbé Louis avait plus de cinquante ans. Il a été reçu conseiller-clerc au parlement de Paris le 5 janvier 1781.

On a beau chercher, consulter Paradin, Dutillet, on ne peut découvrir quelle raison a porté M. de Châteaubriand à donner à S. A. R. de France la qualification de Henri de Béarn.

Depuis l'époque où Charlemagne « établit un « gouverneur à Toulouse au titre de comte, le- « quel établit sous lui plusieurs vicomtes, ce « pays qu'on appelle aujourd'hui le Béarn, n'a « porté que le titre de vicomté, »

Lorsque la seigneurie du Béarn a été réunie à la couronne de France, sous Henri IV, à qui elle était échue du chef de sa mère, ce domaine fut classé au nombre des vicomtés du royaume, Jeanne d'Albret signait reine de Navarre, vicomtesse souveraine de Béarn.

Quels inconvéniens peuvent donc résulter de laisser au prince issu du sang royal le titre que Louis XVIII lui a donné? On reconnaît au duc d'Angoulême le droit de conserver, de porter son nom patrimonique, pourquoi sé montrer empressé de priver des siens l'héritier infortuné du malheur?

Il faut le dire, car pour bien des gens le fait demeure assez évident ; M. de Châteaubriand se montre plus porté à séduire qu'à persuader ; sûr de tous les avantages que son style lui assure, il aborde l'antithèse avec une rare confiance. Par fois on serait tenté de le comparer à cet homme d'esprit dont Bodin fait mention dans sa Démonomanie. « Il disait le bien et le mal avec une « égale facilité, suivant que le génie sous l'in- « fluence duquel il vivait lui pinçait l'oreille « droite ou l'oreille gauche. » Aisément on conçoit l'effet que l'écrit doit produire, si on lit avec attention cette série de différentes dissertations, de propositions diverses, de réflexions empreintes d'âcreté, de comparaisons recherchées ou de préventions qui se trouvent accumulées depuis la page 37, commençant par ces mots : *Je crois qu'en appelant les hommes forts,* et continués jusqu'à la page 43, où se trouve cette appréciation : *il me semblait que la liberté devait regarder la gloire en face.*

Sans vouloir inciter à porter tel ou tel jugement, mais dans le dessein d'aider seulement à prononcer après connaissance de cause, il est utile de citer les pensées par corollaire : elles se trouvent consignées, non dans un récit léger, mais dans un ouvrage profond et déjà ancien. *Rions des clameurs de la foule, contens de savoir que tant que nous ne retournerons pas à la vie des sauvages, nous dépendrons toujours d'un homme. Et qu'importe alors que nous soyons dévorés par une cour, par un directoire, par une assemblée du peuple ?* Vient ensuite ce correctif : *Soyons sûrs qu'il vaut mieux obéir à un de nos compatriotes riche et éclairé qu'à une multitude ignorante qui nous accablera de tous maux.* Cette phrase offre au moins cela d'heureux, qu'elle peut devenir un avis profitable pour plus d'une époque.

Mais que M. de Châteaubriand permette qu'une question lui soit adressée ? Pourquoi s'est-il donc montré partisan d'un moyen à employer pour exciter la liberté à lever les yeux jusqu'au zénith de la colonne triomphale. Ce n'est point au-dessus du tambour qui la surmonte qu'il faut porter les regards pour deviner la gloire ; elle est rayonnante sur toutes les faces du monument. Le cordon circulaire à l'aide duquel les étrangers qui se succèdent dans la capitale peuvent suivre les faits héroïques de nos armées en est le type ; il indique à tous que, par ses vertus militaires, la France est un soldat.

Serait-il réellement possible que cette profession de foi : *moi, je ne crois pas au droit divin*, soit une inspiration de l'âme de l'écrivain qui la publie. Il y aurait injustice à le penser. L'auteur du Génie du Christianisme ne peut se livrer à une hérésie ; il ne peut non plus donner une preuve d'un manque de connaissances. Bornons-nous donc à imputer à une absence d'esprit l'erreur commise.

Comme elle serait par trop préjudiciable s'il n'était démontré combien elle est grave, c'est un devoir de la combattre.

Par le rapprochement que M. de Châteaubriand fait du principe du droit divin, et le paradoxe de la souveraineté du peuple, il laisse au moins à croire qu'il attribue à la personne du monarque, ce qui n'est qu'une prérogative du caractère auguste dont il est revêtu.

Les philosophes du siècle dernier, les encyclopédistes *dont la plupart sont déjà oubliés, et de qui il ne reste que la révolution française,* avaient formé le projet de se servir de tous les moyens, pour amener les peuples à se persuader qu'en opérant le bouleversement des institutions religieuses, morales, ils verraient bientôt jaillir les sources de toutes les prospérités. Dans ce dessein ces professeurs illuminés de nos novateurs du temps présent, adoptèrent toutes les ardentes antipathies du doyen de l'école. Pour se montrer avec lui zélateurs des innovations, ils voulurent imiter ses écarts de raison; il avait dit, « ÉCRASONP L'IN-« FAME » eux ne pouvant imaginer rien de plus fort contre l'autel, voulurent se signaler en attaquant le trône. Pour le saper jusque dans ses fondemens, ils avancèrent que le droit divin n'était qu'une proposition absurde, ils lui donnèrent pour emblème la grue envoyée par Jupitèr aux stupides grenouilles. L'idée fit promptement fortune, le sarcasme aide si aisément à la manie du prosélytisme, les Français alors étaient si sémillans! Aucuns ne contredirent la comparaison. La pensée était présentée dans une bluette, personne ne s'occupa d'en approfondir le sens. Cependant elle attaquait la religion, la morale : et sa première conséquence fut de briser l'égide des libertés publiques.

La maxime du droit divin se fonde sur cette vérité, que le créateur de l'univers, est l'unique soutien de tout système d'ordre. La religion, la morale proclament que tout ce qui concourt au maintien des institutions humaines, est nécessaire pour assurer la vie des nations et ne peut se faire que de sa volonté. Dans une monarchie il ne peut y avoir qu'un seul pouvoir, parce qu'il n'y a qu'un monarque. Le prince placé dans une sphère qui le rend supérieur à tous, est la pierre angulaire de la voûte de l'édifice ; au-dessous de lui, il n'y a que des autorités dont il détermine l'action. Ainsi le prince est pour les peuples qu'il gouverne l'organe de la divinité, ses décisions restent toujours et uniquement dans sa volonté. Ses attributions sont du droit divin, parce qu'il ne doit compte de ses actions qu'à Dieu.

(22)

C'est au trône de l'éternelle sagesse qu'est jugé l'exercice du droit divin. S'il était possible qu'il existât un pouvoir humain qui pourrait juger le monarque, prescrire des limites à sa puissance suprême; alors ce pouvoir serait le premier de l'état; sa prérogative serait de droit divin.

En France, la loi fondamentale est le pacte d'alliance de la divinité avec un peuple destiné par elle à vivre sous un gouvernement monarchique. Cette loi ne peut être réputée un *contrat synallagmatique*, parce qu'il ne saurait dépendre ni du monarque dont elle assure le pouvoir, ni des sujets dont elle détermine les devoirs de l'annuler.

Depuis la fondation de la monarchie, la royauté n'a pas cessé d'être élective; elle l'a été *Deo propiciante* non pour faire choix d'un prince, mais pour obtenir de la providence la désignation d'une famille destinée à devenir pour les Français ce que fut pour les Hébreux la race de David. Aussi long-temps qu'il existe un membre de cette famille le droit au trône ne dépend d'aucune volonté; il est irrévocablement fixé, parce qu'il dépend de Dieu seul de le perpétuer. Pour qui cette vérité manquerait-elle de preuves? La France voit son troisième *Dieudonné*.... qui veut secouer le joug de cette loi détruit la forme du gouvernement. Depuis quarante ans les prérogatives du pouvoir suprême ne sont pas fixées, pour les Français, par qui peuvent-elles légalement être exercées ? Dans les républiques constituées, le pouvoir de droit divin est établi ; il est, ainsi que dans les monarchies, la prérogative de l'autorité première.

Un fait consigné dans nos annales peut aider à démontrer que cette manière d'envisager la question du droit divin n'est pas aussi condamnable que certains philosophes ont voulu le prétendre.

Au temps de la ligue, époque qui offre assez d'objets de comparaison avec les événemens actuels, l'an 1589, l'assemblée de Paris adopta la souveraineté du peuple. « Ils voulurent être, « après le coup, comme autorisés *du droit divin*, « et tout ainsi que s'ils eussent voulu consulter la « bouche de Dieu, s'adresser à toute la faculté de « Sorbonne, pour savoir s'il ne serait pas licite « au peuple français de se révolter de l'obéissance « de son roi, et de.... etc.

La faculté de théologie de la Sorbonne, dont les membres étaient dans le mouvement, donna sa réponse dans le sens ; mais retenue par des considérations religieuses, elle donna sur *le droit divin* une décision enveloppée dans les obscurités d'une subtile métaphysique ; la question demeura comme non résolue, mais pour trancher la difficulté, Henri III fut assassiné six mois après.

M. de Châteaubriand croit que la restauration *n'a jamais repoussé cordialement que lui;* mais

s'il voulait s'examiner sans prévention en sa qua-
lité de diplomate, ne serait-il pas obligé de convenir que par sa conduite politique il a forcé le
pouvoir royal à mettre un terme à une longue
indulgence. Et sa fameuse lettre au sacré collége,
réuni pour donner un chef à l'Eglise, qu'en
pense-t-il ? Lorsque l'ambassadeur du roi très-
chrétien a pu s'oublier au point de s'afficher
sectaire, le conseil de la couronne devait-il hési-
ter à se montrer le premier défenseur de la religion de l'Etat.

Il est aisé de reconnaître par l'écrit même de
M. de Châteaubriand, que ce n'est pas le sentiment de la peine qui l'a porté à se servir d'une
épithète aussi triviale qu'elle est déplacée, et que
des juges, des magistrats ont hautement désap-
prouvée. Ce commencement de phrase, ils pleu-
rent ce pauvre Charles X, n'indique que trop clairement la pensée de prédilection de l'écrivain.
Mais il faut laisser cet homme public *remplir sa
condition nécessaire*, puisse-t-il *finir sa vie à
propos*.

Toute mesure qui concerne un roi, qui a rapport à des princes dont les droits sont établis par
des lois existantes, est non-seulement assujétie
aux principes du droit municipal du peuple qui
en fait une question ; mais elle peut être réputée
vicieuse, si elle tend à enfreindre les dispositions
du droit politique qui lie les nations.

Aussi la religion, la morale, prescrivent-elles aux peuples de ne point blesser par des actes l'équité, la justice, ces premiers soutiens de la civilisation. Aussi toute décision dont la volonté rigoureuse blesse le droit des gens, devient-elle par cela même un déni de justice.

Comment pourrait-il être que les Français tombassent assez dans l'erreur pour oublier que jamais une loi pénale ne peut contenir des dispositions rétroactives, que dans aucun cas elle ne peut frapper d'une même condamnation ceux entre qui il ne peut y avoir rapport d'action.

Sur quoi la proposition dirigée contre la branche aînée des Bourbons se fonde-t-elle ? Pour démontrer une culpabilité qu'elle ne peut caractériser, elle dénature les faits, elle nomme crimes, des fautes qui ne peuvent être réputées intentionnelles.

Elle déclare condamnable, comme auteur d'actions qu'elle qualifie, le Souverain qui n'est pas accusable, la loi de l'Etat rendant son caractère sacré, sa personne inviolable. Elle présente pour complice l'héritier du trône, lorsque dans aucun cas on ne lui peut imputer d'avoir participé à des dispositions arrêtées par le pouvoir suprême.

Elle entache un enfant, dont elle ne peut annuler l'innocence.

Elle exige que des peines inflictives soient prononcées contre tous, présens et à venir, lorsqu'aucune loi pénale ne les a spécifiées. Mais pourquoi cette proposition, établie sur de faux principes, n'a-t-elle pas été appuyée de la loi de 1791 ; au moins elle aurait eu une apparence de poursuite légale. Cette loi porte (chapitre II, article VII) : après l'abdication expresse ou légale, le roi sera dans la classe des citoyens, et pourra être accusé et jugé comme eux pour les actes postérieurs à son abdication.

L'abdication expresse n'est autre chose que la déchéance voulue, exigée par le peuple souverain. Si la loi de 91 laisse au roi frappé de cette déchéance, le titre de Français, s'il conserve la jouissance de tous les droits civils, si la pénalité ne peut s'étendre à la famille royale, pourquoi en est-il autrement en 1830 ? Pourquoi les mêmes hommes qui dans les temps ont pris part.... Trop s'arrêter aux moyens qui pourraient être opposés à la proposition, d'après le droit municipal, ce serait en quelque sorte entrer dans une discussion. Le respect prescrit de s'en abstenir.

Si on la considère sous les rapports du droit politique, on est étonné qu'elle n'ait pas été accueillie par la demande de la question préalable.

Sans revenir sur des événemens malheureux et dont les conséquences tiennent à plusieurs causes qui restent distinctes, si la couronne a été transportée sur la tête du prince qui actuellement tient les rênes de l'Etat, à quel motif peut-on

attribuer cette mesure ? Assurément ce n'est pas
à la déchéance, car elle n'est pas encore aujour-
d'hui même prononcée. Il est donc incontestable
que l'abdication de Charles X, que la renoncia-
tion collectivement donnée par son successeur
dont les droits étaient en expectative, que l'absence de l'héritier à venir, sont les seuls actes dont
on puisse s'appuyer avec une espèce de régula-
rité. Quels documens ont été inscrits dans les
registres de la puissance législative ? Si ces documens ont été adoptés comme renseignemens, ils
font donc foi, ils spécifient la nature des faits,
ils ne peuvent plus être altérés par une volonté
non raisonnablement fondée.

Les notifications qui se font de puissance à
puissance, donnent nécessairement de l'authen-
ticité aux événemens dont elles font mention.
Quel événement les agens diplomatiques chargés
de la mission spéciale ont-ils fait connaître aux
Souverains, aux différens gouvernemens de l'Europe ou du monde, près de qui ils ont été en-
voyés ? Les communications ont dû nécessairement n'avoir trait qu'à ce qu'il était précisément
indispensable de faire connaître : savoir, l'abdication, ce qui pouvait y être rattaché, et le nou-
vel avénement au trône. Comment serait-il possible que le prince qui, par des lettres autographes,
ou revêtues de son seing, a fait connaître les motifs de sa résolution, puisse consentir à une noti-

fication contradictoire ! Les déclarations s'annuleraient l'une par l'autre.

Si religieusement la notification première ne peut être altérée, si elle ne peut être révoquée ; consciencieusement la proposition ne peut être sanctionnée. En vain voudrait-on s'appuyer de résolutions antérieures et qui ont été converties en loi ; l'allégation ne saurait faire autorité : ce qui ne peut offrir une similitude ne prête point à comparaison.

Depuis l'établissement de la monarchie, des résolutions de déchéance ont été prononcées contre quatre de nos rois. Ces résolutions furent adoptées à une majorité plus ou moins considérable dans des assemblées qui tenaient leurs décisions pour légales. Par des causes qui sont toutes dans les décrets de la Providence, ces quatre rois ont vu leurs droits reconnus par ceux-là même qui avaient enfreint leurs devoirs de sujets.

Sous la première race, en 459, Childéric « est « dégradé de la royauté soit par une pure sédi- « tion, ou par quelque forme de jugement ; en 468 « ses sujets le rappellent ; les Français vont au- « devant de lui jusqu'à Bar, et le rétablissent dans « la royauté avec des formes solennelles. »

Childéric remonté sur le trône devient père de Clovis, le fils du Sicambre succède à la couronne, et une multitude de Francs naissent au christianisme.

Vers l'an 923, après trente ans de règne, Charles-le-Simple « voit sa couronne passer sur la tête « de Robert, nommé roi par nombre de Français. » Il est chassé par la force, la reine Ogine, son épouse, est obligée de se retirer avec son fils, près d'Astan, roi d'une partie de l'Angleterre. Les événemens désastreux se succèdent ; bientôt Robert est tué. Raoul choisi par les Francs lui succède. Charles, fait prisonnier, est renfermé à Péronne, il meurt dans sa prison l'an 929 : en moins de six mois Raoul le suit dans la tombe, la couronne est offerte à Hugues, fils de Robert. « Ce prince éprouve la crainte d'avoir l'ordinaire « issue des rebelles, il envoie Guillaume, arche- « vêque de Sens, en Angleterre, vers Ogine, « veuve de Charles, lui remontrer, puisqu'une « grande partie des Français estimait qu'il n'y « avait point de plus prochain héritier de la cou- « ronne de France, que Louis son fils, qu'elle « voulût le donner et rendre à ses sujets délibérés « de le reconnaître pour seigneur. » Le prince revient en France, à son sacre il prend le titre de Louis d'outre-mer, et par acclamation Hugues reçoit celui de Grand.

L'an 1420, à l'instigation de la reine Isabeau de Bavière, les états assemblés à Troyes pronon- cent « que le dauphin (fils de Charles VI) est « dégradé, déclaré incapable de succéder au « royaume, lui et tous ses adhérens et fauteurs

« excommuniés, aggravés et réaggravés cloches
« sonnantes et chandelles éteintes, puis bannis
« *ad tempus.* » A la mort du roi la déchéance
est maintenue ; la France est un théâtre de guerres,
d'horreurs ; en 1429, l'héritier légitime rentre
dans ses droits ; Paris donne à Charles VII le titre
de Victorieux.

Il serait superflu de rapporter ce qui a trait à
Henri IV, de transcrire les actes de déchéance,
les arrêts de confiscations, les injurieuses publi-
cations dirigées contre sa personne et ses droits.
En relisant ce qui eut lieu dans ces temps par trop
calamiteux, en y puisant des objets de comparaison, on ne peut se défendre de pénibles réflexions ;
les craintes s'éveillent. Heureusement alors l'as-
cendant de l'esprit de désordre eut un terme, les
Français se reconnurent ; tous adoptèrent le pa-
nache de Henri IV pour symbole de l'honneur, et
l'Europe en accepta la couleur pour le signe de
la bonne intelligence et la première garantie de la
paix.

Des hommes dont les intentions restent plus
ou moins cachées, ont beau s'agiter, exciter à
des passions irascibles, l'amour pour ses rois est un
sentiment *incarné* parmi les Français. Jérôme
Bignon, ce magistrat aussi honnête homme
qu'esprit ferme, avait une telle conviction de cette
vérité morale, que, dans l'intérêt de son pays,
il l'a consignée dans ses judicieux écrits. « La

« couronne, dit-il, appartient à l'héritier légi-
» time par une coutume établie, laquelle est plus
» forte que la loi même, cette loi ayant été gra-
« vée, non dans du marbre ou du cuivre, mais
» dans le cœur des Français. »

Qui oserait soutenir qu'il ne s'est pas opéré dans les esprits un changement favorable à tous, depuis l'époque des malheureux événemens? Déjà il en est dont la contenance décèle les regrets, le repentir. Déjà on peut remarquer que certaines âmes sont en proie aux remords; le glaive de la justice divine est l'épée de Démoclès pour celui qui cherche à se fuir soi-même. Les Bourbons restent présens à toutes les pensées, parce que toutes les familles leur sont redevables de bien-faits, qu'elles leur doivent leur prospérité, et que le sentiment de la reconnaissance se perpétue de génération en génération.

La France est sujette à des orages politiques, le caractère national est si électrique! mais ces orages ne peuvent y occasioner un bouleverse-ment général, irréparable. Le cardinal de Riche-lieu le pensait. Ce Ministre écrivait au Roi dont il était le principal conseil : « Je ne saurais assez.
« plaindre Votre Majesté dans les déplaisirs
« qu'elle a de la légèreté des Français. Si je l'en
« pouvais soulager par ma vie, je le ferais de très-
» bon cœur. Vos prédécesseurs ont eu les mêmes
« peines, ceux qui viendront après vous en au-

« ront encore, et les affaires ne lairront pas
« d'aller. »

L'avenir de la patrie est dans la volonté du
prince, chef de l'état ; seul il peut tout pour
son pays, seul il peut déterminer ses titres au
jugement de la postérité ; déjà il s'est créé des
droits à la confiance de ses contemporains. C'est
sous les auspices de son auguste impartialité qu'en
terminant cet écrit j'exprime cette invocation,
puisse-t-elle être répétée par tous les bons Français, entendue de tous : Dieu puissant, ACCORDE
TON VOULOIR AU SANG DE MES ROIS, PROTÉGE, SAUVE LA
FRANCE !

NOTICE HISTORIQUE

DE L'EGLISE SAINT-GERMAIN DE L'AUXERROIS (1).

Ainsi que l'église de l'Abbaye Saint-Germain-des-Prés, celle du monastère connu actuellement sous le titre *paroisse Saint-Germain de l'Auxerrois*, eut pour fondateur Childebert Ier, fils et successeur de Clovis.

Ce monarque, qui peut être considéré comme l'un de nos rois qui s'attachèrent à rendre l'Eglise gallicane indéfectible, saisissait toutes les occasions de se montrer le premier soutien d'une religion que ses peuples se faisaient un devoir d'embrasser.

L'an 520 il rendit un édit par lequel il était

---

(1) Les documens anciens et modernes prouvent que l'on doit dire Saint-Germain de l'Auxerrois, et non Saint-Germain-l'Auxerrois.

enjoint aux autorités de faire abattre et renverser dans tous les lieux les idoles du paganisme.

Par une résolution prononcée l'an 538, toutes les contrées soumises à la domination de Childebert, durent cesser d'être désignées par le titre de Gaules, pour porter à l'avenir celui de France. La religion chrétienne fut déclarée alors la religion de la couronne.

Vers l'an 554, lors de son retour de son second voyage d'Espague, Childebert rapporta en France l'étole de *Saint Vincent* dont l'évêque de Saragosse lui avait fait don, pour le déterminer à lever le siége de devant cette place. Ce prince voulant qu'un objet si précieux pour la foi fût religieusement conservé, il fit édifier l'église de l'Abbaye, désignée plus tard sous le titre de *Saint-Germain-des-Prés ;* le reliquaire de Saint Vincent y fut déposé dans une chapelle provisoirement établie.

Le monarque français ayant su affermir par ses victoires son indépendance, se déclara empereur dans ses États. Affranchi de tout pouvoir suzerain il fit battre monnaie d'or à son coin, prérogative réservée aux seuls empereurs. Pour rattacher à sa couronne tous les droits de la souveraineté, il prit la résolution de faire ériger sa statue.

Dans ce dessein, l'an 559, Childebert fit construire l'église du monastère, actuellement Saint-Germain de l'Auxerrois. Il ordonna que sa statue et celle de la reine Wltrogothe seraient placées aux deux côtés extérieurs du grand portail.

On se ferait difficilement une idée de la munificence dont le Souverain fit preuve alors. Les combles de l'édifice furent recouverts de cuivre doré, les murailles furent ornées de *portraitures* à fond d'or, une grande étendue de terrain situé sur la rive droite de la Seine fut concédée à ce monastère. L'emplacement sur lequel l'église fut élevée, faisait partie d'un canton, dit le bois des Charbonniers.

Les deux églises, monumens de la piété de Childebert, ne furent consacrées qu'après la mort de ce Souverain.

L'an 560, Saint Germain, évêque de Paris, accompagné de six autres évêques, en fit la dédicace sous le titre de *Saint Vincent*. Dès ce moment, l'abbaye, le monastère, adoptèrent également le nom du Saint, sous l'invocation duquel ils étaient.

Pendant plus de deux cents ans, les deux couvens se conservèrent cette désignation similaire; mais sous l'empereur Charlemagne, en 780, il est fait mention du monastère Saint-Germain. D'après une chronique de ces temps, la demande pour annuler l'indication homonyme, avait été faite également par les moines ainsi que par les religieux. Ce fut sans doute alors que, pour mieux spécifier la distinction, l'abbaye prit le titre de

Saint-Germain-des-Prés, et le monastère celui de *Saint-Germain-le-Rond*, titre qu'il a conservé durant plusieurs siècles.

Dans une Charte donnée l'an 820, pour déterminer le partage des biens des églises, Louis-le-Débonnaire désigne le monastère par le titre *Saint-Germain-le-Rond*.

Peut-être est-il nécessaire d'indiquer ce qui avait pu déterminer à adopter le surnom *le Rond*. Dans ces temps, les religieux qui étaient simples réguliers, mais non cloîtrés, devaient porter comme faisant partie de leur habillement, le *Rotundellus*, que les Français nomment *Rondeau*, (dit du Cange.) Le monastère de Saint-Germain n'était composé que de religieux réguliers ; l'abbaye n'admettait que des cloîtrés. La différence ostensible de l'habillement aida à établir la différence à faire entre les deux communautés, et insensiblement l'on s'habitua à dire Saint-Germain - le - Rond, pour désigner le monastère, comme plus tard par la même raison on a dit Saint-Jean-le-Rond, pour le distinguer de Saint-Jean-en-Grève.

Dans le ixe siècle, l'an 861, lorsque les Normands se portèrent par la rive droite de la Seine pour mettre le siége devant Paris, ils firent des tentatives pour s'emparer du monastère de Saint-Germain-le-Rond, qui était entouré de fossés larges et profonds, mais ils ne purent réussir à le détruire. Rebutés par une longue résistance, ils se déterminèrent à passer sur la rive gauche du fleuve, où pour premier exploit ils pillèrent, ravagèrent, puis brûlèrent l'abbaye Saint-Germain-des-Prés.

Sous le règne de Hugues Capet, le monastère de Saint-Germain-le-Rond devint un des lieux où l'on faisait l'exercice des lettres. Le roi Robert en fit rebâtir l'église vers la fin du dixième siècle.

Peu après cette reconstruction, le monastère fut converti en collégiale. Galon, évêque de Paris, accorda en 1030 le titre de chanoines aux prêtres de Saint-Germain-le-Rond.

L'an 1165, le pape Alexandre III octroya huit collégiales à la cathédrale de Paris, et entre autres, Saint-Germain-le-Rond désigné dans la bulle comme abbaye ; « qui toutefois n'a jamais eu « d'abbés : seulement un doyen. »

Lors de la seconde clôture que Philippe-Auguste fit exécuter vers l'an 1200 pour agrandir l'enceinte de Paris, l'église Saint-Germain-le-Rond fut enclose en la ville. Ce fut sous le pontificat d'Innocent III, vers l'an 1207, que cette collégiale fut érigée en paroisse. « Outre le col-« lége des doyens et chanoines, il y eut un curé « ou vicaire perpétuel, tenu d'avoir douze cha-« pelains, pour dire le divin service à certaines « heures et célébrer les messes. »

Bientôt elle fut réputée la grande paroisse ;

elle avait alors pour limites, d'un côté Saint-Cloud, de l'autre la rue et le hameau de Saint-Denis. Dans son arrondissement elle comprenait Clichy, Auteuil, Boulogne, la Ville-l'Evêque, et autres lieux situés sur la rive droite de la Seine.

Le Louvre (la tour du) ayant été achevée en 1214, le Souverain se déclara paroissien de Saint-Germain. Depuis cette époque, cette église n'a pas cessé d'être reconnue la paroisse royale.

Il est à présumer que ce fut vers l'an 1230 que cette collégiale adopta le titre de Saint-Germain de l'Auxerrois, pour demeurer distincte de Saint-Germain-le-Vieux, comme de Saint-Germain des Prés ; elle possédait alors des biens considérables dans le comté d'Auxerre, qui lui avaient été donnés dans les temps par l'évêque de Paris qui avait consacré son église. Une bulle de Grégoire IX, datée de la même année, adressée à l'abbé de Saint-Victor, « défend aux religieux réguliers des « monastères, ou prieurés de Paris, d'user d'au- « tres habits que les cloîtriers ; » déjà l'on employait dans une acception triviale le mot *rond* pour l'appliquer aux personnes.

En 1292, cette église fut rebâtie aux frais de ses paroissiens.

Sous le règne de Charles VII, l'an 1456, un concordat fut passé entre les doyens, chanoines de Saint-Germain de l'Auxerrois et les marguil-

liers de cette paroisse. « Les réparations de l'é-
« glise doivent être supportées, les deux tiers à
« la charge des paroissiens, l'autre tiers par le
« chapitre ; l'entretien du clocher, des cloches,
« qui doivent être au nombre de cinq grosses, et
« deux petites sont aux frais des paroissiens. Les
« chanoines doivent payer le salaire de celui qui
« les met à point. Le chapitre doit fournir les
« livres, les vêtemens, ornemens, luminaire,
« linge, calices, croix et joyaux. »

L'an 1545, François Ier fit rebâtir l'église de Saint-Germain.

Par un arrêt du Parlement rendu en 1560, « il
« fut permis aux doyens et chanoines, de faire
« clore de portes le pourpris d'ycelle église, pour
« leur tranquillité et sûreté, à la charge toute-
« fois de réserver audit cloître, lieu certain hors
« la clôture, accessible à toute heure. »

Henri III, l'an 1581, à cause de sa maison du Louvre, se reconnaît premier paroissien de Saint-Germain ; il prend cette église sous sa protection et sauve-garde, parce qu'elle a été fondée par ses prédécesseurs rois.

En 1589, les revenus de la fabrique furent considérablement diminués par l'effet de la guerre civile, et les menées des ligueurs.

Henri IV ayant acheté du chapitre, l'an 1607, quelques maisons tenant à la place, « il s'engage
« à faire rétablir la croix en autre place plus con-

« venable et lieu commode , qui se pourra trou-
« ver. » Cette croix fut placée de manière qu'elle
ornait le principal portique. La même année
« les chanoines cédèrent aux marguilliers d'ycelle
« église', une place faisant portion de leur cloître,
« jusque contre le gros pilier qui sert à porter la
« voûte qui est au-devant du grand portail. »

Christophe de Beaumont étant archevêque de
Paris, l'an 1747, le chapitre de la collégiale de
Saint-Germain de l'Auxerrois, a été réuni à celui
de Notre-Dame, et son église a continué d'être
reconnue paroissiale.

Par le concordat de 1802 ainsi que par la loi
qui en est une conséquence nécessaire, l'église de
Saint-Germain est destinée à l'exercice du culte
catholique ; elle est reconnue paroissiale. Sa des-
tination ne peut donc être révoquée que par une
loi : ni l'autorité locale, ni l'autorité départe-
mentale, n'ont le droit de s'en emparer ; elle est
sous l'égide de la puissance législative.

Ce n'est peut-être pas avancer une assertion
trop hasardée de poser cette question ; l'église
de Saint-Germain ne doit-elle pas être considérée
comme une propriété de ses paroissiens ?

Sans se permettre des réflexions sur les événemens affligeans qui ont rendu cette église le théâtre de spoliations sacriléges, et de dégradations
désastreuses, qu'il soit permis d'énoncer des
vœux, pour que la population religieuse et pai-

sible de ce quartier, qui est en grande majorité, prenne la respectueuse résolution de présenter au Roi une supplique pour porter Sa Majesté à ordonner que cette paroisse soit incessamment rouverte au culte catholique.

Sans doute des réparations à faire à l'édifice sont préalablement nécessaires. Pour subvenir aux dépenses qu'elles peuvent occasioner, qu'une souscription soit ouverte; elle sera bientôt remplie. Ils se feront un devoir d'y verser leur offrande, ces Français de toutes les classes qui ont su, quoique ostensiblement divisés d'opinion, se montrer réunis de croyance lors d'un office religieusement intentionnel, pour porter au pied des autels des pensées pures, manifestées avec calme dans le recueillement de la ferveur.

FIN.

IMPRIMERIE DE DEMONVILLE, RUE CHRISTINE, N° 2.